Prüfungstraining für Bankkaufleute

Wolfgang Grundmann • Rudolf Rathner

Rechnungswesen
Prüfungswissen in Übersichten

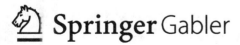

Wolfgang Grundmann
Norderstedt, Deutschland

Rudolf Rathner
Berufskolleg am Wasserturm
Bocholt, Deutschland

ISSN 2627-8588   ISSN 2627-8596   (electronic)
Prüfungstraining für Bankkaufleute
ISBN 978-3-658-39343-4   ISBN 978-3-658-39344-1   (eBook)
https://doi.org/10.1007/978-3-658-39344-1

Die Deutsche Nationalbibliothek verzeichnet diese Publikation in der Deutschen Nationalbibliografie; detaillierte bibliografische Daten sind im Internet über http://dnb.d-nb.de abrufbar.

Springer Gabler
© Springer Fachmedien Wiesbaden GmbH, ein Teil von Springer Nature 2022
Ursprünglich erschienen in der 10. Auflage von: Bankwirtschaft, Rechnungswesen und Steuerung, Wirtschafts- und Sozialkunde
Das Werk einschließlich aller seiner Teile ist urheberrechtlich geschützt. Jede Verwertung, die nicht ausdrücklich vom Urheberrechtsgesetz zugelassen ist, bedarf der vorherigen Zustimmung des Verlags. Das gilt insbesondere für Vervielfältigungen, Bearbeitungen, Übersetzungen, Mikroverfilmungen und die Einspeicherung und Verarbeitung in elektronischen Systemen.
Die Wiedergabe von allgemein beschreibenden Bezeichnungen, Marken, Unternehmensnamen etc. in diesem Werk bedeutet nicht, dass diese frei durch jedermann benutzt werden dürfen. Die Berechtigung zur Benutzung unterliegt, auch ohne gesonderten Hinweis hierzu, den Regeln des Markenrechts. Die Rechte des jeweiligen Zeicheninhabers sind zu beachten.
Der Verlag, die Autoren und die Herausgeber gehen davon aus, dass die Angaben und Informationen in diesem Werk zum Zeitpunkt der Veröffentlichung vollständig und korrekt sind. Weder der Verlag, noch die Autoren oder die Herausgeber übernehmen, ausdrücklich oder implizit, Gewähr für den Inhalt des Werkes, etwaige Fehler oder Äußerungen. Der Verlag bleibt im Hinblick auf geografische Zuordnungen und Gebietsbezeichnungen in veröffentlichten Karten und Institutionsadressen neutral.

Planung/Lektorat: Guido Notthoff
Springer Gabler ist ein Imprint der eingetragenen Gesellschaft Springer Fachmedien Wiesbaden GmbH und ist ein Teil von Springer Nature.
Die Anschrift der Gesellschaft ist: Abraham-Lincoln-Str. 46, 65189 Wiesbaden, Germany

Vorwort

Das Gesamtwerk „Prüfungswissen in Übersichten" hat mittlerweile einen Umfang von über 400 Seiten erreicht. Mit seiner Hilfe Sie haben Sie den gesamten Lernstoff, der für Ihre Ausbildung relevant ist, im Griff.

Für den Fall, dass Sie gezielt die Inhalte eines einzelnen Lerngebietes trainieren möchten, haben wir das Gesamtwerk in vier handliche Teilbände aufgeteilt.

Dieser Band enthält das Prüfungswissen Rechnungswesen.

Für die Vorbereitung auf Ihre Klausuren und Prüfungen wünschen wir Ihnen viel Erfolg.

Hamburg und Bocholt im September 2022

Wolfgang Grundmann   Rudolf Rathner

wolfgang@grundmann-norderstedt.de   R@thner.de

Vorwort zur 10. Auflage des Gesamtwerkes „Bankwirtschaft, Rechnungswesen und Steuerung, Wirtschafts- und Sozialkunde – Prüfungswissen in Übersichten"

Haben Sie auch zu Beginn und während Ihrer Bankausbildung festgestellt, dass Sie mit komplexen Lerninhalten überhäuft wurden?

Das Nacharbeiten in den traditionellen Lehrbüchern hat Sie möglicherweise auch nicht weitergebracht. Einzelne Lerngebiete werden bis ins kleinste Detail ausführlich beschrieben und am Ende des Kapitels waren Sie auch nicht klüger, oder? Für Sie als Berufsanfänger ist es schwierig, aus der Fülle der komplexen Lerninhalte das Strukturwissen herauszuarbeiten, das Sie benötigen, um die anstehenden Klausuren und Prüfungen mit gutem Erfolg zu bestehen.

Gehören Sie auch zu den Auszubildenden, die sich ein paar Tage vor einer Klausur oder einer Prüfung intensiv vorbereiten? Und haben Sie festgestellt, dass Sie danach Ihr Gelerntes wieder schnell vergessen haben?

Sie mussten in Ihrem Kurzzeitgedächtnis wieder Platz machen für die Aneignung neuer Lerninhalte. Mit unserem vorliegenden Werk können Sie die wichtigsten Regeln und Details der Lerngebiete Ihrer Prüfungsfächer Bankwirtschaft, Rechnungswesen und Steuerung sowie Wirtschafts- und Sozialkunde schnell und kompakt für Ihre anstehenden Klausuren, Ihre Abschlussprüfung Teil 1 und Teil 2 aneignen, wiederholen und festigen.

Die einzelnen Lerngebiete sind der aktuellen Ausbildungsordnung und dem neuen Prüfungskatalog Bankkaufmann/Bankkauffrau für die Abschlussprüfung Teil 1 und Teil 2 entnommen worden. Die einzelnen Lerninhalte sind übersichtlich dargestellt und enthalten nur die wesentlichen Details, die Sie für den erfolgreichen Abschluss Ihrer Abschlussprüfung benötigen. Details, die von Ihnen in den schriftlichen Prüfungen nicht abgefordert werden können, wurden in diesem Werk nicht berücksichtigt. Die übersichtliche Darstellung der einzelnen Lerngebiete hilft Ihnen, sich die notwendigen Prüfungsinhalte in kurzer Zeit anzueignen oder zu wiederholen.

Sie finden am Ende der einzelnen Lerngebiete jeweils relevante Praxisbeispiele oder einfache Rechenbeispiele, mit denen Sachverhalte kurz und prägnant verdeutlicht werden.

Wie können Sie unser Werk zur Vorbereitung auf einzelne Klausuren bzw. zur Vorbereitung auf die Abschlussprüfung Teil 1 und Teil 2 nutzen?

Zunächst eignen Sie sich mit unserem neuen Werk das Strukturwissen zu den einzelnen Lerngebieten an. Das können Regeln, Verfahrensweisen, Betrags- und Meldegrenzen oder bestimmte Lerngebietsdetails sein. Die Abschlussprüfung Bankkaufmann/Bankkauffrau Teil 1 und Teil 2 besteht vorwiegend aus programmierten Aufgaben neben handlungsorientierten Bankfällen. Sie werden feststellen, dass Sie mit dem angeeigneten Strukturwissen jetzt programmierte Übungsaufgaben und situations-und handlungsorientierte Beispielfälle sicher und zuverlässig lösen können – ein Lernerfolg, der sich auch in Ihrer Abschlussprüfung Teil 1 und Teil 2 niederschlagen wird.

Die 10. Auflage wurde neu bearbeitet und auf den rechtlich aktuellen Stand gebracht. Grundlage der 10. Auflage waren die überarbeiteten Inhalte des neuen Prüfungskatalogs für den Ausbildungsberuf Bankkaufmann/Bankkauffrau. Die inhaltliche Gliederung wurde dem neuen Prüfungskatalog angepasst. Die Freigrenzen und Freibeträge wurden für das Ausbildungsjahr 2022 aktualisiert. Das Kapitel Online-Banking wurde um sichere TAN-Verfahren ergänzt und der inländische Zahlungsverkehr durch das Smartphone-Bezahlverfahren erweitert. Neu hinzugekommen sind die aktuellen Informationen zu den Sicherheitsvorschriften bei Internetkäufen mit Kreditkartenzahlungen nach dem Zwei-Faktoren-Authentifizierungsverfahren. Die Inhalte zum Pfändungsschutzkonto entsprechen den neuen gesetzlichen Veränderungen, die im Dezember 2021 in Kraft getreten sind. Im Zahlungsverkehr finden die aktuellen Verfügungs- und Haftungsgrenzen bei Kartenzahlungen, insbesondere beim Girogo-Verfahren Berücksichtigung. Die Informationen zum Wohnungsbau-Prämiengesetz wurden ebenfalls aktualisiert. Im Kapitel Geld- und Vermögensanlage wurden die Neuregelungen der DAX-Indizes und die Neuregelungen im Aktiengesetz zur Möglichkeit von Beschlussfassungen auf virtuellen Hauptversammlungen von Aktiengesellschaften aufgenommen und weitere Informationen zur Investmentbesteuerung in die Strukturübersichten eingearbeitet. Die gesetzlichen Vorschriften zu den Fernabsatzverträgen wurden aktualisiert. Die Beiträge und Beitragsbemessungsgrenzen in der Sozialen Sicherung wurden auf den Stand von 2022 gebracht.

Hamburg und Bocholt im Mai 2022

Wolfgang Grundmann   Rudolf Rathner

wolfgang@grundmann-norderstedt.de   R@thner.de

Inhaltsverzeichnis

Prüfungswissen Rechnungswesen 1

A1 Buchführung Grundlagen 3
1. Inventur 3
2. Inventar 3
3. Bilanz 4
4. Anhang 5
5. Lagebericht 5
6. Aufbewahrungsfristen 5
7. Bestandskonten 6
8. Erfolgskonten 8
9. Gemischte Konten 9
10. Kundenkontokorrent (KKK) 11

A2 Bewertung von Sachanlagen 13
1. Umsatzsteuer bei Kreditinstituten 13
2. Allgemeines zur Bewertung 15
3. Lineare Abschreibung 16
4. Degressive Abschreibung 17
5. Verkauf genutzter Sachanlagen 18

A3 Bewertung von Forderungen 19
1. Übersicht 19
2. Abschreibung uneinbringlicher Forderungen 20
3. Abschreibung zweifelhafter Forderungen 20
4. Abschreibung der Forderungen mit latentem Ausfallrisiko 21

A4 Bewertung von Wertpapieren 23
1. Überblick 23
2. Wertpapiere der Liquiditätsreserve 23
3. Wertpapiere des Handelsbestandes 25
4. Wertpapiere des Anlagevermögens 26

A5 Vorsorge für allgemeine Bankrisiken 29

A6 Jahresabgrenzung 31
1. Wesen 31
2. Transitorische Jahresabgrenzung 31
3. Antizipative Jahresabgrenzung 33
4. Rückstellungen 36

B1 Controlling Grundlagen 37
1. Inhalt 37
2. Unternehmensziele und Controlling 37

B2 Controlling Grundbegriffe 39
1. Kosten, Erlöse, Leistungen 39
2. Aufwendungen und Kosten 39
3. Erträge und Erlöse 40
4. Betriebs- und Wertkosten sowie Betriebserlöse 40
5. Einzel- und Gemeinkosten 41
6. Fixe und variable Kosten 41

B3 Controlling Rechenverfahren 43
1. Gesamtzinsspannenrechnung 43
2. Marktzinsmethode 43
3. Produktkalkulation 44
4. Kundenkalkulation 45

PRÜFUNGSWISSEN
RECHNUNGSWESEN

Buchführung Grundlagen

1. Inventur

Wesen	Die Inventur ist die Tätigkeit der **mengen- und wertmäßigen Erfassung** aller Bestände, das heißt aller Vermögensgegenstände und Schulden.
Formen	**Stichtagsinventur** • Aufnahme der Bestände an einem Stichtag. Wichtigste Stichtage: Beginn des Handelsgewerbes und Ende eines Geschäftsjahres **Permanente Inventur** • Bestände werden aus fortlaufend geführten Karteien entnommen • mind. 1 mal pro Jahr Kontrolle durch körperliche Aufnahme **Zeitlich verlegte Inventur** • die jährliche Bestandsaufnahme erfolgt ganz oder teilweise innerhalb der letzten 3 Monate vor oder innerhalb der ersten 2 Monate nach dem Bilanzstichtag, die Bestände werden zum Bilanzstichtag fortgeschrieben bzw. zurückgerechnet

2. Inventar

Wesen	• Das Inventar ist das **ausführliche, mengen- und wertmäßige Verzeichnis** aller Vermögensgegenstände und Schulden eines Unternehmens sowie seines Reinvermögens. • wird nicht veröffentlicht
Bezug zur Inventur	• das Inventar stellt das **Ergebnis der Inventur** dar
Aufbau des Inventars	**ein Inventar besteht aus 3 Teilen:** 1.) Vermögen (genaue, ausführliche Aufzählung: Debitorenlisten etc.) - 2.) Schulden (genaue, ausführliche Aufzählung: Kreditorenlisten etc.) = 3.) Reinvermögen (rechnerische Ermittlung des Eigenkapitals)

© Springer Fachmedien Wiesbaden GmbH, ein Teil von Springer Nature 2022
W. Grundmann, R. Rathner, *Rechnungswesen*, Prüfungstraining für Bankkaufleute,
https://doi.org/10.1007/978-3-658-39344-1_1

3. Bilanz

Wesen	• Die Bilanz ist die **kurzgefasste, wertmäßige Gegenüberstellung** von Vermögen und Kapital. • **vereinfachte Darstellung** in **Kontenform** • Überblick über das **Vermögen und Kapital** • Aufnahme der Gesamtwerte und Verzicht auf Einzelpositionen • § 242 HGB: jeder Kaufmann ist zur Aufstellung einer **Bilanz verpflichtet**
Aktiva	**Mittelverwendung** • Investitionen des Kreditinstitutes • Forderungen • Vermögen
Passiva	**Mittelherkunft** • Herkunft des Kapitals: Fremd- und Eigenkapital • Verbindlichkeiten
Aufgaben von Bilanzen	• Information für **Gläubiger** (Bild der Vermögens-, Finanz- und Ertragslage) • Information für **Gesellschafter** (wenn die Geschäftsführung nicht von den Eigentümern wahrgenommen wird) • Information für **Finanzbehörden** (steuerliche Bemessungsgrundlage) • Information für **potentielle Anleger** (Unternehmensentwicklung)
Vorschriften zur Aufstellung der Bilanz	• Grundsätze ordnungsgemäßer Buchführung • Klarheit, Übersichtlichkeit und Vollständigkeit • Bruttoprinzip (keine Saldierung von Aktiv- mit Passivposten)

Darstellung einer Bankbilanz	• **Summe der Aktiva = Summe der Passiva** (immer gleich!)
	• Aufbau der **Aktiva** nach dem **Grundsatz der abnehmenden Liquidität**
	  • oben ist immer der liquideste Posten (Kasse)
	  • unten ist immer der Posten mit der längsten Kapitalbindung (Sachanlagen)
	• Aufbau der Passiva nach dem **Grundsatz der Verfügungsdauer**
	  • oben stehen immer die Mittel, die grundsätzlich zuerst wieder abfließen (Verbindlichkeiten gegenüber anderen Banken)

Beispiel für den Aufbau einer Bilanz eines Kreditinstitutes

AKTIVA	PASSIVA
• Kasse • Guthaben bei der Deutschen Bundesbank • Forderungen an Kreditinstitute • Forderungen an Kunden • Schuldverschreibungen u. a. festverzinsl. WP • Aktien und nicht festverzinsliche Wertpapiere • Betriebs- und Geschäftsausstattung (BGA)	• Verbindlichkeiten gegenüber KI • Verbindlichkeiten gegenüber Kunden • Eigenkapital
= Bilanzsumme	**= Bilanzsumme**

4. Anhang

Wesen	• **Erläuterung** der Bilanz und der Gewinn- und Verlustrechnung
Pflicht-angaben	• zugrunde gelegte **Bilanzierungs- und Bewertungsmethoden** (HGB, IAS) • Aufgliederung der **Verbindlichkeiten** (z. B. nach der Restlaufzeit) • Aufgliederung der **Umsatzerlöse** nach Tätigkeitsbereichen (z. B. geografische Märkte) • Belastung der Ergebnisse durch **Abschreibungen und Steuern** • durchschnittliche Zahl der **Beschäftigten** • **Gesamtbezüge** von Vorstand, Geschäftsführung und Aufsichtsrat • **Mitglieder** von Vorstand, Geschäftsführung und Aufsichtsrat • Aufgliederung der Position sonstige **Rückstellungen**

5. Lagebericht

Wesen	• Beschreibung des **Geschäftsverlaufes** und der Lage des Unternehmens
Pflicht-angaben	• wichtige **Vorgänge**, die nach dem Geschäftsjahr eingetreten sind • die voraussichtliche **Entwicklung** der Kapitalgesellschaft • der Bereich **Forschung und Entwicklung** • bestehende **Zweigniederlassungen** des Unternehmens

6. Aufbewahrungsfristen

Wesen	Zur Aufbewahrung von Unterlagen und den Aufbewahrungsfristen enthält der §257 HGB sowie der §147 AO die entsprechenden Regelungen.
Fristen	• 6 Jahre: empfangene und abgesandte Handels- oder Geschäftsbriefe • 10 Jahre: Handelsbücher und Aufzeichnungen, Inventare, Jahresabschlüsse (Bilanz und Gewinn- und Verlustrechnung), Lageberichte, die Eröffnungsbilanz sowie die zu ihrem Verständnis erforderlichen Arbeitsanweisungen und sonstigen Organisationsunterlagen, Buchungsbelege • Sofern Handelsbriefe zugleich Buchungsbelege sind (Rechnungen, Gutschriften) gilt die 10-jährige Aufbewahrungsfrist.
Berechnung	Die Aufbewahrungsfrist beginnt mit dem Schluss des Kalenderjahres, in dem bei laufend geführten Aufzeichnungen die letzte Eintragung gemacht worden ist, Handels- und Geschäftsbriefe abgesandt oder empfangen worden sind oder sonstige Unterlagen entstanden sind: Ist z. B. der Jahresabschluss für 2016 im April 2017 erstellt worden, läuft für diesen die Aufbewahrungsfrist bis zum 31.12.2027.

7. Bestandskonten
Bedeutung und Arten der Bestandskonten

Ableitung der Bestandskonten aus der Bilanz	• Änderungen der **Vermögens- und Kapitalbestände** werden auf Bestandskonten erfasst.
	• Erstellung einer **Einzelabrechnung** für jede Bilanzposition
	• **getrennte Erfassung von Mehrungen & Minderungen** durch Kontoform
	  • linke Seite = Sollseite
	  • rechte Seite = Habenseite
	• **Aktivkonten** = Konten, die eine aktive Bilanzposition verwalten
	• **Passivkonten** = Konten, die eine passive Bilanzposition verwalten
	• bei **Einrichtung** der Bestandskonten heißt der Betrag aus der Bilanz **Anfangsbestand** (= AB)
	  • Der Anfangsbestand steht bei Aktiv-Konten im Soll
	  • Der Anfangsbestand steht bei Passiv-Konten im Haben
	• beim **Abschluss** der Bestandskonten heißt der Betrag, der in die Bilanz eingeht, **Schlussbestand** (= SB)
	  • Der Schlussbestand steht bei Aktiv-Konten im Haben
	  • Der Schlussbestand steht bei Passiv-Konten im Soll
	• alle Konten stehen im **Hauptbuch**

Buchungen auf Bestandskonten im Hauptbuch	• ein Geschäftsfall betrifft **immer mind. 2 Konten** (= doppelte Buchführung!) • jeder Geschäftsfall bedeutet **mind. 1 Soll- und mind. 1 Haben-Buchung** • somit ist eine ständige Kontrolle der Buchungen möglich • **wertmäßige Summe aller Soll-Buchungen = wertmäßige Summe aller Haben-Buchungen** • **Zugänge** werden immer auf der Seite des Anfangsbestandes gebucht • **Abgänge** werden immer auf der Seite gegenüber des AB gebucht

S	Aktivkonto	H
Anfangsbestand		Bestandsminderungen
Bestandsmehrungen		Schlussbestand

S	Passivkonto	H
Bestandsminderungen		Anfangsbestand
Schlussbestand		Bestandsmehrungen

A1 Buchführung Grundlagen

Bilanz-veränderungen	• **Aktiv-Passiv-Mehrung**
	  • Erhöhung des Vermögens und des Kapitals
	  • Erhöhung der Bilanzsumme
	• **Aktiv-Passiv-Minderung**
	  • Verminderung des Vermögens und des Kapitals
	  • Minderung der Bilanzsumme
	• **Aktiv-Tausch**
	  • es findet ein <u>Vermögenstausch</u> statt, eine Aktivposition erhöht sich, eine andere wird geringer, die Passivpositionen bleiben unverändert.
	  • die Bilanzsumme bleibt gleich
	• **Passiv-Tausch**
	  • es findet ein <u>Kapitaltausch</u> statt, eine Passivposition erhöht sich, eine andere wird geringer, die Aktivpositionen bleiben unverändert
	  • die Bilanzsumme bleibt gleich

Ablauf der Buchführung mit Bestandkonten: Von Bilanz zu Bilanz

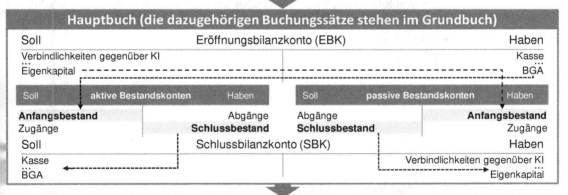

8. Erfolgskonten

Wesen	Es gibt Geschäftsfälle, die das **Eigenkapital verändern**. Dies sind Erfolge in Form von **Aufwendungen** und **Erträgen**. Diese Erfolge werden nicht auf dem Eigenkapital gebucht. Zur besseren Übersicht werden **Eigenkapital-Unterkonten** für die wichtigsten Erfolge gebildet: die **Aufwands- und Ertragskonten**

Buchungen	• Zum Jahresbeginn sind die Erfolgskonten leer (**keine Anfangsbestände**!)
	• Während des Geschäftsjahres sammeln die Erfolgskonten die **Aufwendungen im Soll** und **Erträge im Haben**.
	    Aufwandskonto an .... bzw. .... an Ertragskonto
	• Am Jahresende werden die **Erfolgskonten über das Gewinn- und Verlustkonto (GuV) abgeschlossen**, um durch den Vergleich der Aufwendungen und Erträge den Erfolg (Gewinn oder Verlust) des Geschäftsjahres festzustellen.
	  • bei Ertragskonten: Ertragskonto an GuV
	  • bei Aufwandskonten: GuV an Aufwandskonto
	• Das **GuV-Konto wird über das Eigenkapital abgeschlossen**. Damit schließt sich der Kreis. Ein **Gewinn mehrt das Eigenkapital, ein Verlust mindert** es.
	  • mehr Erträge als Aufwendungen = Mehrung des Eigenkapitals (Gewinn)
	    • GuV an Eigenkapital
	  • weniger Erträge als Aufwendungen = Minderung des EK (Verlust)
	    • Eigenkapital an GuV

Beispiele für Aufwandskonten	• Zinsaufwendungen • Löhne und Gehälter • Abschreibungen • Provisionsaufwendungen • Allgemeiner Verwaltungsaufwand (AVA) • Steuern
Beispiele für Ertragskonten	• Zinserträge • Dividendenerträge • Provisionserträge • sonstige betriebliche Erträge

S	Aufwandskonto	H
Aufwendungen		Saldo

S	Ertragskonto	H
Saldo		**Erträge**

A1 Buchführung Grundlagen

Der Saldo der Erfolgskonten ist über **GuV** zu buchen.

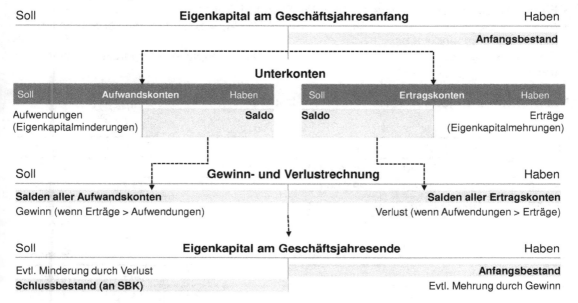

9. Gemischte Konten

Definition	ein gemischtes Konto ist gleichzeitig ein **Bestands- und Erfolgskonto**
Beispielkonten	in der Praxis werden gemischte Konten benutzt für • eigene **Wertpapiere** • **Sorten** • **Devisen** • **Gold**
Entstehung von Erfolgen	Erfolge entstehen durch **Kursänderungen** • **Ertrag:** ein Kreditinstitut verkauft Wertpapiere, Sorten oder Devisen zu einem höheren Kurs als den Einkaufskurs **(= realisierter Kursgewinn)** • **Aufwand:** ein Kreditinstitut verkauft Wertpapiere, Sorten oder Devisen zu einem niedrigeren Kurs als dem Einkaufskurs **(= realisierter Kursverlust)**
Abschluss	gemischte Konten haben **zwei Abschlussbuchungen**: • der **Erfolg** geht in die GuV ein (Soll oder Haben) • der aktive **Bestand** geht in das SBK ein

S	Gemischtes Konto	H
Anfangsbestand		Minderungen des Anfangsbestandes
Mehrung des Anfangsbestandes		Schlussbestand
eventueller Ertrag		eventueller Aufwand

Beispiel für ein Geschäftsjahr im Wertpapierhandel
- **Eigene Wertpapiere = aktives gemischtes Bestandskonto**
- Aktien der CONCEPTA AG und Aktien der BIOFORM AG = Skontren der Nebenbuchführung (vgl. Personenbuch beim KKK)
- **Buchungen**: alle Buchungen, die auf dem Konto Eigene Wertpapiere vorgenommen werden, werden **deckungsgleich** in die Skontren gebucht

Nebenbuch: Für jedes Wertpapier ein Skontro

Soll			BIOFORM AG				Haben
Datum	Stück	Kurs	Kurswert	Datum	Stück	Kurs	Kurswert
08.02.	200	31,50	6.300,00	25.08.	100	40,00	4.000,00
31.10.	900	31,50	28.350,00	**31.12.**	**1.000**	**31,50**	**31.500,00**
31.12.	**Kursgewinn**		**850,00**				----------
	1.100		35.500,00		1.100		35.500,00

Soll			CONCEPTA AG				Haben
Datum	Stück	Kurs	Kurswert	Datum	Stück	Kurs	Kurswert
19.01.	500	62,50	31.250,00	15.03.	300	74,00	22.200,00
24.09.	800	62,50	50.000,00	**31.12.**	**1.000**	**62,50**	**62.500,00**
31.12.	**Kursgewinn**		**3.450,00**				
	1.300		84.700,00		1.300		84.700,00

Hauptbuch: Zusammenfassung aller Wertpapiere

Soll		Eigene Wertpapiere			Haben
19.01.	DBB	31.250,00	15.03.	DBB	22.200,00
08.02.	DBB	6.300,00	25.08.	DBB	4.000,00
24.09.	DBB	50.000,00	**31.12.**	**SBK**	**94.000,00**
31.10.	DBB	28.350,00			---
31.12.	**GuV**	**4.300,00**			---
		120.200,00			120.200,00

A1 Buchführung Grundlagen

10. Kundenkontokorrent (KKK)

Wesen des KKK bzw. KK	• Zusammenfassung des Debitoren- und Kreditoren-Kontos • **Hauptbuchkonto** (= Bestandskonto) für alle **Forderungen und Verbindlichkeiten** aus dem täglich fälligen Kundengeschäft • gleichzeitiges Aktiv- und Passivkonto (**= zusammengesetztes Bestandskonto**) • Zusammenfassung aller Debitoren- und Kreditorennebenbuchkonten (siehe Personenbuch) zu einem Hauptbuchkonto • **2 Anfangsbestände:** Forderungen an Kunden im Soll, Verbindlichkeiten gegenüber Kunden im Haben • **2 Schlussbestände:** Forderungen an Kunden im Haben, Verbindlichkeiten gegenüber Kunden im Soll • **Gutschriften** sind sowohl für Debitoren als auch für Kreditoren Habenbuchungen • **Belastungen** sind sowohl für Debitoren als auch für Kreditoren Sollbuchungen • Das KKK wird kürzer auch gern mit KK abgekürzt.
Personenbuch	• neben dem Hauptbuchkonto KK wird ein Personenbuch geführt • im Personenbuch (Nebenbuch) befindet sich für jeden Kunden sein persönliches Konto (= Skontro) • der Schlussbestand der Forderungen im KK-Hauptbuchkonto ergibt sich aus der Summe aller Debitorenendbestände im Skontro, der Schlussbestand der Verbindlichkeiten aus der Summe aller Kreditorenendbestände im Skontro.
Abschluss des KK	• Saldo aller **Debitoren** (Summe lt. Inventur) = SBK an KK • Saldo aller **Kreditoren** (Summe lt. Inventur) = KK an SBK

S	Kundenkontokorrent – KK	H
Anfangsbestand – Debitoren		**Anfangsbestand – Kreditoren**
Zunahme der debitorischen Kontostände		Abnahme der debitorischen Kontostände
Abnahme der kreditorischen Kontostände		Zunahme die kreditorischen Kontostände
Belastungen für KK-Kunden		Gutschriften für KK-Kunden
Schlussbestand – Kreditoren		**Schlussbestand – Debitoren**

A2 Bewertung von Sachanlagen

1. Umsatzsteuer bei Kreditinstituten

Wesen	Die Umsatzsteuer ist eine Steuer für den privaten, inländischen **Endverbraucher**. Kaufleute müssen die **Umsatzsteuer** beim Verkauf von Waren oder Abrechnung ihrer Dienstleistungen dem Kunden in Rechnung stellen und ans Finanzamt abführen. Von Unternehmen gezahlte Umsatzsteuer wird in der Regel als **Vorsteuer** vom Finanzamt erstattet.
Ausnahmen	Von der Umsatzsteuerpflicht gibt es aber zahlreiche Ausnahmen: So sind die meisten **Bankgeschäfte** von der Umsatzsteuer **befreit**, nur einige Bankgeschäfte unterliegen der Umsatzsteuerpflicht!
umsatzsteuerpflichtige Umsätze	• **Edelmetalle & Münzen:** Umsätze von **Edelmetallen, Münzen** und **Medaillen, ausgenommen Goldbarren und Goldmünzen, die gesetzliche Zahlungsmittel sind.** • Vermittlungen: **Provisionen** aus Vermittlungsgeschäften (z. B. Maklercourtage aus **Immobiliengeschäften**) • Sicherungsgut: **Verkauf** von Sicherungsgut im eigenen Namen der Bank • **Vermietung** von Schließfächern • Wertpapierdepot: **Verwahrung und Verwaltung** von Wertpapieren (nicht der Wertpapierhandel und die Anlageberatung)

Konten	• **Vorsteuer:** gezahlte Umsatzsteuer im umsatzsteuerpflichtigen Geschäft bekommen Kaufleute vom Finanzamt erstattet**:**
	  • **Aktivkonto:** Forderungen ans Finanzamt
	• **Umsatzsteuer** (Mehrwertsteuer): im umsatzsteuerpflichtigen Geschäft den Kunden in Rechnung gestellte Umsatzsteuer, muss ans Finanzamt abgeführt werden**:**
	  • **Passivkonto:** Verbindlichkeiten gegenüber dem Finanzamt

Die Behandlung der Umsatzsteuer beim Kauf und Verkauf

Behandlung der Umsatzsteuer beim Kauf

Der gekaufte Gegenstand dient der Erzielung ...	
... umsatzsteuerfreier Umsätze	... umsatzsteuerpflichtiger Umsätze
• die gezahlte Umsatzsteuer ist ein Teil der Anschaffungskosten • Aktivierung im aktiven Bestandskonto und Abschreibung oder • Buchung als Verwaltungsaufwand mit dem Bruttopreis	• Vorsteuer ist eine Forderung an das Finanzamt • Nur der Nettobetrag wird im Bestandskonto oder Aufwandskonto erfasst.

Buchungssätze	

BGA oder AVA (Bruttopreis)
    an DBB oder KK
	BGA oder AVA (Nettopreis)
	Vorsteuer
	    an DBB oder KK

Behandlung der Umsatzsteuer beim Verkauf

Der gekaufte Gegenstand dient der Erzielung ...	
... umsatzsteuerfreier Umsätze	... umsatzsteuerpflichtiger Umsätze
• es wird **keine Umsatzsteuer** in Rechnung gestellt	• **Umsatzsteuer** muss in Rechnung gestellt werden
Buchungssätze	

DBB oder KK
    an BGA
	DBB oder KK
	    an BGA
	    an **Umsatzsteuer**

Abschluss der Konten Umsatzsteuer (USt) und Vorsteuer (VSt)

VSt < USt (Umsatzsteuer- zahllast)	• Forderungen (Vorsteuer) und Verbindlichkeiten (Umsatzsteuer) werden gegenüber dem Finanzamt nicht getrennt abgerechnet. Die Bank kann die abzuführende Umsatzsteuer mit der Vorsteuer **verrechnen**. Dazu schließt sie das Konto Vorsteuer über Umsatzsteuer ab. Buchungssatz: **Umsatzsteuer an Vorsteuer** • die einbehaltene Umsatzsteuer, welche die gezahlte Vorsteuer übersteigt, muss **ans FA abgeführt** werden (**Zahllast**): Buchungssatz: **Umsatzsteuer an DBB** bzw. **SBK** beim Jahresabschluss Bilanzierung als **sonst. Verbindlichkeiten** (Passiva)

Beispiel Umsatzsteuerzahllast

S	Vorsteuer		H
DBB	6.000,00	**USt**	**6.000,00**
	6.000,00		6.000,00

S	Umsatzsteuer		H
VSt	**6.000,00**	BGA	13.000,00
DBB/SBK	**7.000,00**		
	13.000,00		13.000,00

A2 Bewertung von Sachanlagen

2. Allgemeines zur Bewertung

Anlage-vermögen	• Sachanlagen (Immobilien, Betriebs- und Geschäftsausstattung, Fuhrpark)

Aktivierung	• = **Bilanzierung** (Wertansatz im Betriebsvermögen)
	• **Kaufpreis − Rabatt + Anschaffungsnebenkosten = Anschaffungskosten**
	• **Beispiele** für Nebenkosten
	  • Überführungskosten bei Kfz
	  • Versandkosten
	  • Grundbucheintragungen bei Immobilienerwerb
	• Aktivierung im umsatzsteuerfreien Geschäft zu Bruttokosten (inklusive USt.), im umsatzsteuerpflichtigen Geschäft zu Nettokosten (ohne USt, da sie der Bank im umsatzsteuerpflichtigen Geschäft vom Finanzamt als Vorsteuer erstattet wird)

Abschreibungen	• = **Wertminderungen durch Abnutzung** • Abschreibungen bilden einen **Aufwand** für die Bank • **Minderung der Steuerschuld, da Senkung des Gewinnes** • das Finanzamt gibt sog. **AfA-Tabellen** vor • Nutzungsdauer der Sachanlagen = Abschreibungsdauer (in Jahren)
Buchung der Abschreibung	vorbereitende Abschlussbuchung: • **Abschreibung auf Sachanlagen an BGA, GWG oder SP** (BGA Betriebs- und Geschäftsausstattung, GWG Geringwertige Wirtschaftsgüter, SP Sammelposten)
Aktuelle Abschreibungsregelungen	• Anlagegegenstände mit einem Wert bis **250,00 EUR** (netto, also ohne USt.) können bei ihrer Anschaffung sofort als Aufwand (Konto: **AVA** oder – falls vorhanden – **Aufwendungen für Sachanlagen**) gebucht werden, **d. h. eine Abschreibung am Jahresende entfällt.** • Anschaffungen **über 250 EUR bis 1.000 EUR (netto)** können im Pool (Sammelposten) jährlich mit $1/5$ **ihres Wertes** abgeschrieben werden. **Konto SP: Sammelposten** • Geringwertige Wirtschaftsgüter (GWG) **bis 800 Euro (netto) können** im Jahr der Anschaffung **in voller Höhe** abgeschrieben werden. **Konto GWG: Geringwertige Wirtschaftsgüter** • Ansonsten sind Anschaffungen **linear oder degressiv** (falls im Jahr der Anschaffung erlaubt), **monatsgenau** über die **Nutzungsdauer** abzuschreiben. **Konto BGA: Betriebs- und Geschäftsausstattung**

3. Lineare Abschreibung

Definition	• die Abschreibung erfolgt **in jährlich gleichbleibenden Beträgen**
	• Im Jahr der Anschaffung wird monatsgenau abgeschrieben, d. h. eine am 20. April angeschaffte Sachanlage wird im Anschaffungsjahr 9 volle Monate (April bis Dez.) abgeschrieben, im letzten Jahr 3 Monate.
Abschreibungshöhe	• **Abschreibungsbetrag = Anschaffungskosten / Nutzungsjahre**
	• **Anschaffungsprozentsatz = 100 % / Nutzungsjahre**
Beispiel	Kauf eines Pkws am 30. September für EUR 60.000,00
	Nutzungsdauer 5 Jahre
	Abschreibungsbetrag pro Jahr: 12.000,00 EUR = $\frac{60.000}{5}$

Abschreibungsplan	Jahr	Buchwert Jahresanfang	Abschreibung	Buchwert Jahresende
	1	60.000,00	12.000,00 * 4/12 = 4.000,00	56.000,00
	2	56.000,00	12.000,00	44.000,00
	3	44.000,00	12.000,00	32.000,00
	4	32.000,00	12.000,00	20.000,00
	5	20.000,00	12.000,00	8.000,00
	6	8.000,00	12.000,00 * 8/12 = 8.000	0,00

Erinnerungswert	Wird die Sachanlage nach Ende der Abschreibung weiter genutzt, bleibt sie mit 1,00 Euro Erinnerungswert stehen (die letzte Abschreibung ist dann 1,00 Euro geringer)

Buchung des Beispiels im Hauptbuch

im 1. Jahr

S	BGA		H		S	Abschreibung auf Anlagen		H
Kauf	60.000,00	Ab. a. A.	4.000,00		BGA	4.000,00	GuV	4.000,00
		SBK	56.000,00			4.000,00		4.000,00
	60.000,00		60.000,00					

im 2. Jahr

S	BGA		H		S	Abschreibung auf Anlagen		H
EBK	56.000,00	Ab. a. A.	12.000,00		BGA	12.000,00	GuV	12.000,00
		SBK	44.000,00			12.000,00		12.000,00
	56.000,00		56.000,00					

Buchung der Abschreibungen im Grundbuch:

Vorbereitende Abschlussbuchung	Abschreibung auf Sachanlagen an BGA, GWG oder SP	* Betrag nach Abschreibungsplan
Abschlussbuchungen	SBK an BGA oder SP	* Bilanzierung zum Restbuchwert GWG = 0!
	GuV an Abschreibungen auf Sachanl.	* Aufwand zur Minderung des zu versteuernden Gewinns

A2 Bewertung von Sachanlagen

4. Degressive Abschreibung

Definition	• die Abschreibung erfolgt mit einem **festen Prozentsatz vom Restbuchwert**, dadurch entstehen **jährlich fallende Abschreibungsbeträge** • der Restbuchwert erreicht **nie** den Wert EUR 0,00
Abschrei-bungssatz	• Der Abschreibungssatz ist von gesetzlichen Regelungen abhängig. Seit 2008 ist die degressive Abschreibung generell abgeschafft, aber • für Neuanschaffungen in 2009 und 2010 galt zur Konjunkturbelebung: Der Abschreibungssatz beträgt das **2,5-fache** der linearen AfA, darf aber **25 %** nicht übersteigen. • In der Zukunft kann die Politik z. B. zur Belebung der Wirtschaft die degressive Abschreibung wieder zulassen.
Abschrei-bungsbetrag	• Abschreibungsbetrag = aktueller (Rest-)**Buchwert** / 100 * Abschreibungssatz • monatsgenau: Im Anschaffungsmonat wird voll vom 1. d.M. abgeschrieben
Wechsel der Abschrei-bungs-methoden	• während der Nutzungsdauer darf man **von der degressiven AfA zur linearen AfA wechseln**, um den Restwert am Ende der Nutzung zu erreichen. • sobald der Abschreibungsbetrag nach der linearen Methode (Restbuchwert / Restlaufzeit) über dem Abschreibungsbetrag nach der degressiven Methode liegt, **lohnt sich der Wechsel**, wenn man Ertragssteuern sparen will. Ein Wechsel von der linearen zur degressiven Abschreibung ist nicht erlaubt!
Beispiel	• Kauf eines **Geldtransporters** im Januar, Wert 81.920,00 EUR, Nutzungsdauer 5 Jahre. Es soll möglichst schnell abgeschrieben werden! • AfA-Satz linear: 100 % / 5 Jahre = **20 %** • AfA-Satz degressiv: 20 % * **2,5** = 50 %, aber <u>maximal</u> **25** % sind zulässig!
Abschrei-bungsplan	degressive AfA | Jahr	Buchwert Jahresanfang	AfA	Buchwert Jahresende
---	---	---	---
1	81.920,00	20.480,00	61.440,00
2	61.440,00	15.360,00	46.080,00
3	46.080,00	11.520,00	34.560,00
4	34.560,00	8.640,00	25.920,00
5	25.920,00	6.480,00	19.440,00	 • Im 1. Jahr ergibt die degressive Abschreibung in dem Beispiel den Abschreibungsbetrag von 20.480,- (25 % von 81.920). • Im 2. Jahr ergibt die degressive Abschreibung den Abschreibungsbetrag von 15.360,- (25 % vom Restbuchwert 61.440,-) usw. • Spätestens im letzten Jahr müsste zur linearen Abschreibung gewechselt werden, damit der Geldtransporter am Ende der Nutzungsdauer ganz abgeschrieben ist.

5. Verkauf genutzter Sachanlagen

Grundlagen	• **Sachanlagen** werden oft während der Nutzungsdauer **veräußert**. • Der Veräußerungspreis **weicht meistens vom aktuellen Buchwert ab**. • Wurde der Gegenstand zur **Erzielung steuerpflichtiger Umsätze** eingesetzt, muss Umsatzsteuer in Rechnung gestellt werden.
zeitanteilige Abschreibung	• Bei einem **Verkauf** des Gegenstandes (außer Sammelposten) kann eine **zeitanteilige Abschreibung für das laufende Jahr** vorgenommen werden (es werden immer <u>**nur**</u> **volle Monate** berücksichtigt).

Verkaufserlös unter Buchwert	Der Verkaufserlös unter Buchwert bedeutet einen **zusätzlichen Aufwand**:
	DBB oder KK Verkauf
	       an BGA
	       evtl. an USt
	sonstiger betrieblicher Aufwand Erfassung des Verlustes aus
	       an BGA dem Verkaufserlös

Verkaufserlös zum Buchwert	Der Verkaufserlös unter Buchwert bedeutet einen **reinen Aktivtausch**:
	DBB oder KK Verkauf
	       an BGA
	       evtl. an USt

Verkaufserlös über Buchwert	Der Verkaufserlös unter Buchwert bedeutet einen **zusätzlichen Ertrag**:
	DBB oder KK Verkauf
	       an BGA
	       evtl. an USt
	BGA Erfassung des Gewinns aus
	       an sonstige betriebliche Erträge dem Verkaufserlös

A3 Bewertung von Forderungen

1. Übersicht

Wesen	
	• Forderungen sind **ausgegebene Kredite** an Privatpersonen, Firmenkunden, andere Kreditinstitute und an die öffentliche Hand (Bund, Land, Gemeinde ...)
	• Forderungen sind Bestandteile des Umlaufvermögens
	• die Bilanzierung erfolgt nach dem **tatsächlichen Wert** der Forderung (= **Niederstwertprinzip**)

Aufteilung der Forderungen			
uneinbringliche Forderungen	**zweifelhafte Forderungen**	**risikofreie Forderungen**	**übrige risikobehaftete Forderungen**
Beispiele: Kunde A musste die eidesstattliche Versicherung/ Vermögensauskunft abgegeben; das Insolvenzverfahren ist abgeschlossen	**Beispiele:** Das gerichtliche Mahnverfahren ist eingeleitet, das Insolvenzverfahren ist eröffnet	**Beispiel:** Forderungen an die Stadt Bocholt	**Beispiel:** Kunden mit guter Bonität
• sofortige, **direkte Abschreibung** des feststehenden Ausfalls	• **indirekte** Abschreibung in Höhe des wahrscheinlichen Ausfalls durch Bildung einer **Einzelwertberichtigung** (EWB) am Jahresende	• kein Ausfallrisiko • **keine Abschreibung**	• erfahrungsgemäßes, latentes Ausfallrisiko • Abschreibung erfolgt pauschal und **indirekt** für alle betroffenen Konten durch Bildung einer **Pauschalwertberichtigung** (PWB) am Jahresende
Buchungssätze			
Abschr. auf F. an KK GuV an Abschr. auf F.	Abschr. auf F. an EWB GuV an Abschr. auf F. EWB an SBK	---	Abschr. auf F. an PWB GuV an Abschr. auf F. PWB an SBK
SBK an KK (Debitorenendbestand)			

2. Abschreibung uneinbringlicher Forderungen

Abschreibung	uneinbringliche Forderungen werden **direkt abgeschrieben**
Beispiel	Ein Kunde hat sein Konto mit 20.000,00 EUR überzogen. Die Vermögensauskunft hat kein verwertbares Vermögen gebracht.
Buchung	Die Forderung ist nach Abschluss des gerichtlichen Mahnverfahrens uneinbringlich: Abschreibung auf Forderungen an KK 20.000,00

3. Abschreibung zweifelhafter Forderungen

Abschreibung	• Bewertung nach dem Vorsichtsprinzip
	  • **Risikovorsorge** für mögliche, **künftige Forderungsausfälle**
	  • **Einzelwertberichtigung** (**EWB**) = **passives Bestandskonto** (indirekte Abschreibung)
	  • Bildung in Höhe des erwarteten Ausfalls (100 % abzüglich Insolvenzquote)
	    • **Insolvenzquote** = erwarteter Geldeingang

Bilanzierung	• EWB werden <u>nicht</u> bilanziert, sondern müssen lt. RechKredV vom Aktivposten **Forderungen** abgezogen werden. • **indirekte AfA** = KK wird insofern <u>nicht</u> berührt, der Kunde erfährt nichts auf dem Kontoauszug, die Forderung bleibt in der ursprünglichen Höhe erhalten
Beispiel	Ein Firmenkunde hat Insolvenz angemeldet. Die Bank hat gegen ihn eine Forderung aus einem Investitionskredit in Höhe von 100.000,00 EUR. Am Ende des Geschäftsjahres wird die Insolvenzquote auf 25 % geschätzt.
Buchungen	Buchung am Jahresende Abschr. auf Ford. an EWB 75.000,00 EUR
	• Abschluss des Insolvenzverfahrens im neuen Jahr • die Insolvenzquote wird über DBB überwiesen • Auflösung der EWB, da die Restforderung endgültig uneinbringlich ist.

	Buchungen zum Abschluss des Insolvenzverfahrens, unabhängig von der Höhe des Geldeingangs DBB Geldeingang
	                                          an KK
	                                          EWB Auflösung EWB
	                                          an KK

	Fall 1: Der Geldeingang ist genauso hoch wie geschätzt: eine weitere Buchung ist nicht nötig: EWB und das Kundenkonto haben einen Saldo von 0,00 EUR. Das Kundenkonto muss aufgelöst werden (Firma existiert nicht mehr).

A3 Bewertung von Forderungen

Buchungen	**Fall 2:** Der Geldeingang ist größer als geschätzt: eine weitere Buchung ist nötig: Das Kundenkonto muss einen Saldo von 0,00 haben, damit es aufgelöst werden kann. Es entsteht ein Ertrag, da die Abschreibung aus dem Vorjahr zu hoch war.	
	zusätzliche Buchung im Fall 2 (Geldeingang über den Erwartungen)	KK an Erträge aus Zuschreibungen zu Ford.
	Fall 3: Der Geldeingang ist niedriger als geschätzt: eine weitere Buchung ist nötig: Das Kundenkonto muss einen Saldo von 0,00 haben, damit es aufgelöst werden kann. Es entsteht ein weiterer Aufwand.	
	zusätzliche Buchung im Fall 3 (Geldeingang unter den Erwartungen)	Abschr. auf Ford. an KK

4. Abschreibung der Forderungen mit latentem Ausfallrisiko

Bedeutung	• Bewertung von einwandfreien Forderungen mit **verstecktem Ausfallrisiko:** Die Erfahrung zeigt, dass auch von diesen Forderungen einige ausfallen, es wurde bisher nur noch nicht bemerkt. • **Achtung!** hiervon **ausgenommen sind risikofreie Forderungen.** Risikofreie Forderungen sind z. B. Kredite an öffentlich-rechtliche Körperschaften oder OECD-Staaten. • **(unversteuerte) Pauschalwertberichtigung (PWB)** = diese PWB mindern den zu versteuernden Gewinn der Bank
Bilanzierung	• Die PWB wird wie die EWB **nicht bilanziert**, sondern muss lt. RechKredV vom Aktivposten **Forderungen** abgezogen werden.
Maßgeblicher Forderungs- ausfall	durchschnittlicher Forderungsausfall der letzten 5 Jahre - 40 % des durchschnittlicher Forderungsausfalls der letzten 5 Jahre (max. der Saldo des Kontos EWB des aktuellen Bilanzstichtages) = **maßgeblicher Forderungsausfall**
PWB-Satz in %	$$\frac{\text{maßgeblicher Forderungsausfall (s. o.)} * 100}{\text{durchschnittl. risikobehaftetes Kreditvolumen der letzten 5 Jahre}}$$
Berechnung der PWB	Kreditvolumen vor Abschreibung - direkte Abschreibungen = **Kreditvolumen nach Abschreibung (SBK)** - einzelwertberichtigte Forderungen (zu 100 %) - risikofreie Forderungen = **verbleibendes risikobehaftetes KV des Bilanzstichtages** • **unversteuerte PWB =** verbleibendes risikobehaftetes KV des Bilanzstichtages * PWB-Satz in % / 100

Aktualisierung der PWB	• PWB des **Vorjahres** < **PWB** des Bilanzstichtages
	    • Die PWB muss erhöht werden:
	    • Abschreibungen auf Forderungen an PWB
	• PWB des **Vorjahres** = **PWB** des Bilanzstichtages
	    • Die PWB stimmt, kein Handlungsbedarf
	• PWB des **Vorjahres** > **PWB** des Bilanzstichtages
	    • die PWB muss verringert werden
	    • PWB an Erträge aus der Zuschreibung zu Forderungen

Beispiel für die Bewertung von Forderungen:

Forderungen vor Abschreibung: 83.000,00 EUR
davon:
Debitor A   5.000,00 EUR
uneinbringlich   3.000,00 EUR
Debitor B   4.000,00 EUR
wahrscheinlicher Ausfall   1.000,00 EUR
Debitor Bundesland Bayern   6.000,00 EUR

Pauschalwertberichtigung: 0,5 %, bisherige Pauschalwertberichtigung 330,00 EUR.

Lösung:
- Abschreibung uneinbringlicher Forderungen:
  Abschreibung auf Forderungen an KK   3.000,00 EUR
- Abschreibung zweifelhafter Forderungen:
  Abschreibung auf Forderungen an Einzelwertberichtigungen   1.000,00 EUR
- Abschreibung der Forderungen mit latentem Ausfallrisiko:

Debitoren vor Abschreibung:	83.000,00 EUR
- uneinbringliche Forderungen (von der gesamten Forderung an Debitor A nur den uneinbringlichen Teil)	- 3.000,00 EUR
Debitoren nach Abschreibung (=Endbestand **SBK**)	= 80.000,00 EUR
- zweifelhafte Forderungen (die gesamte zweifelhafte Forderung und nicht nur der wahrscheinliche Ausfall)	- 4.000,00 EUR
- sichere Forderungen	- 6.000,00 EUR
Forderungen mit latentem Ausfallrisiko	= 70.000,00 EUR

0,5 % Pauschalwertberichtigung von 70.000,00 EUR = 350,00 EUR
abzüglich bereits vorhandener Pauschalwertberichtigung von 330,00 EUR ergibt dies eine notwendige Zuführung von 20,00 EUR.
Abschreibung auf Forderungen an Pauschalwertberichtigung   20,00 EUR

A4 Bewertung von Wertpapieren

1. Überblick

Zur Bewertung muss man die Wertpapiere unterscheiden in:

Wertpapiere der Liquiditätsreserve	Wertpapiere des Handelsbestandes	Wertpapiere des Anlagevermögens
Bewertung zum strengen Niederstwertprinzip	Bewertung zum Zeitwertprinzip (Fair Value)	Bewertung zum gemilderten Niederstwertprinzip

- Für die Einteilung ist die Absicht beim Kauf maßgeblich (Aktennotiz), nicht die Länge des tatsächlichen Verbleibs in der Bank.
- Bei der Bilanzierung erfolgt keine Unterteilung nach Wertpapieren der Liquiditätsreserve, des Handelsvermögens und des Anlagevermögens.
- Festverzinsliche Wertpiere und Aktien werden getrennt bilanziert.
- Festverzinsliche Wertpapiere werden einschließlich der bis zum Bilanzstichtag aufgelaufenen, noch nicht vereinnahmten Zinsen bilanziert.

2. Wertpapiere der Liquiditätsreserve

strenges Niederstwertprinzip	• Bei der Bewertung der Wertpapiere der **Liquiditätsreserve** wird der **Anschaffungskurs** und **der Kurs am Bilanzstichtag verglichen**: • Ist der Anschaffungskurs unter dem Kurs am Bilanzstichtag, bleibt es bei der Bewertung zum niedrigeren Anschaffungskurs. • Ist der **Kurs am Bilanzstichtag unter dem Anschaffungskurs, muss eine direkte Abschreibung auf den niedrigeren Wert erfolgen!** Die Wertpapiere der Liquiditätsreserve werden dann zum niedrigeren Kurs am Bilanzstichtag bilanziert.
Anschaffungswert	• Bei mehreren Käufen desselben Wertpapiers wird der durchschnittliche Anschaffungskurs des Bilanzjahres errechnet (gewogener Durchschnitt des Anfangsbestandes und aller Käufe in diesem Jahr). • **Wertsteigerungen** über den Anschaffungskurs (<u>nicht</u> realisierte Kursgewinne) dürfen bei Wertpapieren der Liquiditätsreserve und des Anlagevermögens <u>nicht</u> ausgewiesen werden.
spätere Kurserholung	• Bei einer Bewertung zum **Niederstwertprinzip** ist nach erfolgter Abschreibung eine **spätere Wertaufholung** vorgesehen **(Zuschreibung maximal bis zu den Anschaffungskosten)**, wenn der Kurs des Wertpapiers später wieder steigt.

© Springer Fachmedien Wiesbaden GmbH, ein Teil von Springer Nature 2022
W. Grundmann, R. Rathner, *Rechnungswesen*, Prüfungstraining für Bankkaufleute,
https://doi.org/10.1007/978-3-658-39344-1_4

Beispiel für die Bewertung festverzinslicher WP der Liquiditätsreserve

Soll									Haben
\multicolumn{10}{	l	}{Skontro Liquiditätsreserve 0,5 % Bundes-Obligationen 01.08. gzj.}
Datum	Vorgang	Nennwert	Kurs %	Kurswert	Datum	Vorgang	Nennwert	Kurs %	Kurswert
02.02.	Kauf	100.000	101,0	101.000,00	01.07.	Verkauf	250.000	103,5	258.750,00
03.03.	Kauf	200.000	104,0	208.000,00	31.12.	Endbestand	50.000	102,0	51.104,79
31.12.	WP-Zinserträge			104,79	31.12.	Ab.a.WP	50.000	1,0	500,00
31.12.	real. Erfolg			1.250,00					-----
				310.354,79					310.354,79

Erläuterungen

Börsenkurs zum 31.12.	102 % (muss in der Aufgabe angegeben sein)
durchschn. Anschaffungskurs	(101.000,00 + 208.000 Kurswert) : 300.000,00 Nennwert = **103 %**
realisierter Erfolg durch den Verkauf	250.000,00 EUR Nennwert * 0,50 % (Verkaufskurs 103,5 % - durchschnittlicher Ankaufskurs 103 %) = **1.250,00 EUR** (Gewinn)
Nennwert am Jahresende	300.000,00 EUR NW Kauf - 250.000,00 EUR NW Verkauf = **50.000,00 EUR** Nennwert
Bilanzierungskurs	erfolgt zum niedrigeren Kurs (strenges Niederstwertprinzip): Ankaufskurs: 103 % und Kurs am Bilanzstichtag 102 % 50.000 * 102 % = **51.000,00 EUR**
aufgelaufene Stückzinsen	50.000 * 0,5 * 153 Tage (vom 1.8. – 31.12. einschl.) / 36500 = **104,79 EUR**
Bilanzausweis	Kurswert (zum Niederstwert) + aufgelaufene Stückzinsen = 51.000 EUR + 104,79 EUR = **51.104,79 EUR**
Abschreibungsbetrag	50.000 Nennwert * 1,00 % (durchschnittlicher Anschaffungskurs 103 % - Bilanzierungskurs 102%) = **500,00 EUR**

A4 Bewertung von Wertpapieren

3. Wertpapiere des Handelsbestandes

Zeitwert-Prinzip (Fair Value)	• Bei der Bewertung der Wertpapiere des **Handelsbestandes** wird der **Kurs am Bilanzstichtag abzüglich eines Risikoabschlages** genommen. Der Risikoabschlag soll die Gefahr ein wenig mindern, nicht realisierte Gewinne auszuweisen und auszuschütten, die später bei fallenden Kursen nicht realisiert werden könne. Ist der Kurs am Bilanzstichtag daher unter den Anschaffungskurs gefallen, beträgt der Risikoabschlag 0%.
Handelsergebnis	• Bei Wertpapieren des **Handelsbestandes** erfolgt eine **Verrechnung von realisierten und nicht realisierten Kursgewinnen und -verlusten!** • **saldierter Ausweis in der GuV-Rechnung** (Ausnahme vom Saldierungsverbot von Aufwendungen und Erträgen) 　• falls insgesamt per Saldo der Wertpapierhandel negativ war: **Nettoaufwand aus Finanzgeschäften** 　• falls insgesamt per Saldo der Wertpapierhandel positiv war: **Nettoertrag aus Finanzgeschäften**
Risikovorsorge für den Handelsbestand	• Die Bilanzierung zum Zeitwert bedeutet die Ausweisung und evtl. die Ausschüttung noch nicht realisierter Gewinne, die später in Krisen evtl. nicht realisiert werden können. Das HGB versucht daher Vorsorge gegen diese Gefahr zu treffen: • Vom aktuellen Kurswert der Handelspapiere ist ein **Risikoabschlag** abzuziehen. • Mindestens 10 % der Nettoerträge des Handelsbestandes sind dem „**Fonds für allgemeine Bankrisiken**" zuzuführen (§ 340g HGB). • Dieser Posten darf nur zum Ausgleich von Nettoaufwendungen des Handelsbestandes aufgelöst werden oder soweit er 50 % des durchschnittlichen Nettoertrages der letzten fünf Jahre übersteigt.

Beispiel für die Bewertung von Wertpapieren des Handelsbestandes

Soll						Skontro: Handelsbestand ABC AG			Haben
Datum	Vorgang	Stück	Kurs	Kurswert	Datum	Vorgang	Stück	Kurs	Kurswert
02.01.	AB	1.000	55,00	55.000,00	23.08.	Verkauf	1.500	48,50	72.750,00
15.06.	Kauf	3.000	50,00	150.000,00	31.12.	real. Verlust			4.125,00
31.12.	unreal. Gewinn			4.875,00	31.12.	Endbest.	2.500	53,20	133.000,00
				209.875,00					209.875,00

Erläuterungen

Börsenkurs zum 31.12.	56,00 EUR je Aktie Bewertungsabschlag 5 % (muss in der Aufgabe angegeben sein)
durchschn. Anschaffungskurs	(55.000,00 + 150.000,00) : 4000 Aktien = **51,25 EUR**/Aktie
realisierter Erfolg durch den Verkauf	1.500 verkaufte Aktien * -2,75 EUR (Verkaufskurs 48,50 - durchschnittlicher Ankaufskurs 51,25) = **-4125 EUR (Verlust)**

Bestand am Jahresende	4.000 gekaufte Aktien – 1.500 verkaufte Aktien = **2.500 Aktien**
Bilanz-Bewertungskurs	erfolgt zum Zeitwert (Fair value) abzüglich Risikoabschlag 56,- EUR Kurs am Bilanzstichtag abzüglich 5 % Risikoabschlag: **53,20 EUR**
Bilanzausweis	2.500 Aktien Bestand * 53,20 EUR = **133.000,00 EUR**
Nicht realisierter Erfolg durch die Bewertung des Endbestandes	2.500 Stück * 1,95 EUR (durchschnittlicher Anschaffungskurs 51,25 - Bewertungskurs 53,20) = **4.875,00 EUR**
Nettoerfolg aus Finanzgeschäften	realisierter Verlust 4.125,- + nicht realisierter Erfolg 4.875,- = **750,00 EUR Nettoertrag** aus Finanzgeschäften. Hiervon sind mindestens 10 % dem Fonds für allgemeine Bankrisiken zuzuführen.

4. Wertpapiere des Anlagevermögens

gemildertes Niederstwertprinzip	• Bei der Bewertung der Wertpapiere des **Anlagevermögens** wird der **Anschaffungskurs** und **der Kurs am Bilanzstichtag** verglichen: • Ist der Kurs gefallen, **muss bei einer voraussichtlich dauernden Wertminderung auf den niedrigeren Wert am Bilanzstichtag abgeschrieben** werden, • Bei einer voraussichtlich **nicht dauernden Wertminderung kann abgeschrieben** werden. • Ist der **Kurs gestiegen**, ist der **Anschaffungskurs** zu nehmen.
Anschaffungswert	• Bei mehreren Käufen desselben Wertpapiers wird der **durchschnittliche** Anschaffungskurs errechnet. • Wertsteigerungen über den Anschaffungskurs (nicht realisierte Kursgewinne) dürfen bei Wertpapieren der Liquiditätsreserve und des Anlagevermögens nicht ausgewiesen werden.
spätere Kurserholung	• Bei einer Bewertung zum Niederstwertprinzip ist nach erfolgter Abschreibung eine spätere Wertaufholung vorgesehen (Zuschreibung maximal bis zu den Anschaffungskosten), wenn der Kurs des Wertpapiers später wieder steigt.

Beispiel für die Bewertung von Aktien des Anlagevermögens

Soll			Skontro: Anlagebestand Rohstoff AG					Haben	
Datum	Vorgang	Stück	Kurs	Kurswert	Datum	Vorgang	Stück	Kurs	Kurswert
02.01.	AB	2.000	25,00	50.000,00	03.11.	Verkauf	500	25,00	12.500,00
15.07.	Kauf	1.000	10,00	10.000,00	31.12.	unreal. Verlust			0,00
31.12.	real. Gewinn			2.500,00	31.12.	Endbestand	2.500	20,00	50.000,00
				62.500,00					62.500,00

A4 Bewertung von Wertpapieren

Erläuterungen

Börsenkurs zum 31.12.	30,00 EUR je Aktie (muss in der Aufgabe angegeben sein)
durchschn. Anschaffungskurs	(50.000,00 + 10.000,00) : 3.000 Aktien = **20,- EUR/Aktie**
realisierter Erfolg durch den Verkauf	500 verkaufte Aktien * 5,- EUR (Verkaufskurs 25,- - durchschnittlicher Ankaufskurs 20,-) = **2.500,- EUR** (Kursgewinn)
Bestand am Jahresende	3.000 gekaufte Aktien - 500 verkaufte Aktien = **2.500 Aktien**
Bilanz-Bewertungskurs	erfolgt zum gemilderten Niederstwertprinzip Ankaufskurs: 20,- EUR und Kurs am Bilanzstichtag 30,00 EUR: Der Ankaufskurs bildet stets die Höchstgrenze: **20,00 EUR je Aktie**
Bilanzausweis	2.500 Aktien Bestand * 20,00 EUR = **50.000,00 EUR**
Nicht realisierter Erfolg durch die Bewertung des Endbestandes	Da die Bilanzierung zum Anschaffungskurs erfolgt, ergibt sich kein nicht realisierter Kurserfolg

Vorsorge für allgemeine Bankrisiken

	Stille Vorsorgereserven (§ 340f HGB)	**Offene Vorsorgereserven (§ 340g HGB)**
Zweck	Vorsorge für **allgemeine Bankrisiken** wie - nicht bewertbare Kreditausfallrisiken - Liquiditätsrisiken - Zinsänderungsrisiken - Wertpapierkursrisiken (insbesondere durch die Bewertung der Wertpapiere des Handelsbestandes zum Zeitwertprinzip) - Währungsrisiken - Risiken aus Termin-, Options- und Swap-Geschäften	

Vorgehen	- **Unterbewertung** der
	  - Wertpapiere der Liquiditätsreserve sowie der
	  - Forderungen an Kunden und
	  - Forderungen an Kreditinstituten
	- Bildung einer **stillen Reserve** in Höhe der Unterbewertung
	- **Aktivische Absetzung** der Vorsorgewertberichtigung von den entsprechenden Aktivposten in der Bilanz
	- **Verringerung** des Jahresüberschusses
		- aus der Bilanz und der GuV-Rechnung ersichtliche Einstellung in die **Passivposition: „Fonds für allgemeine Bankrisiken"** zu Lasten des versteuerten Gewinns

Unter- und Obergrenze	maximal 4 % der **nach strengem Niederstwertprinzip bewerteten** Wertpapiere der Liquiditätsreserve sowie der Forderungen an Kunden und an Kreditinstituten	- keine Obergrenze - erfolgt nach **vernünftiger kaufmännischer Beurteilung** - mindestens 10 % der Nettoerträge aus Finanzgeschäften
Ausweis	- **kein offener Ausweis** der Reserven im Jahresabschluss - Vorsorgewertberichtigungen werden **aktivisch von den Vermögenswerten abgesetzt** und mindern somit optisch das Jahresergebnis/Eigenkapital	- **offener Bilanzausweis** - Passivposition: **„Fonds für allgemeine Bankrisiken"** - **Kernkapital** - in der GuV sind Zuführungen und Auflösungen gesondert aufzuführen
steuerliche Anerkennung	- die Bildung von Vorsorgereserven **mindert nicht** den steuerpflichtigen Gewinn. - eine Bildung von Vorsorgereserven erfolgt insofern immer aus dem **bereits versteuerten Gewinn.**	

A6 Jahresabgrenzung

1. Wesen

Zweck	• die **Erfolgsrechnung** (GuV) soll den Erfolg eines Geschäftsjahres aufzeigen. • Erträge und Aufwendungen werden **periodengerecht erfasst**.
Probleme der periodengerechten Erfassung	• Am Jahresende sind die Erfolge nicht periodengerecht erfasst: • **Problem 1:** Erträge und Aufwendungen (Vorauszahlungen) sind schon gebucht worden, die **wirtschaftlich das Folgejahr betreffen**. Diese Erfolge müssen vorübergehend für den Jahresabschluss aus der GuV-Rechnung genommen werden. (**transitorische** Posten) • **Problem 2:** Erträge und Aufwendungen für das laufende Geschäftsjahr sind bis zum Jahresende **noch nicht gebucht** worden (nachträgliche Zahlungen). Diese Erfolge müssen für den Jahresabschluss vorübergehend gebucht werden (**antizipative** Posten).

2. Transitorische Jahresabgrenzung

Wesen	• lat. **transire** = hinübergeben • Erträge und Aufwendungen, die **wirtschaftlich das Folgejahr betreffen**, dürfen **nicht** in die laufende GuV-Rechnung • Einbeziehung in die Erfolgsrechnung erfolgt erst im **Folgejahr**

Vorgehen	• **Erfassung** des **gesamten Aufwands- bzw. Ertragsbetrages** auf dem entsprechenden **Erfolgskonto** während des Geschäftsjahres
	• die **zeitliche Abgrenzung** je Geschäftsjahr erfolgt vor dem **Abschluss** der Konten (vorbereitende Abschlussbuchung)
	• Aufwendungen und Erträge, die wirtschaftlich ins ablaufende Geschäftsjahr gehören, gehen in die **GuV** ein
	• Aufwendungen und Erträge, die **wirtschaftlich ins darauffolgende Geschäftsjahr** gehören, gehen **nicht in die GuV** ein
	  • dieser Teil des Erfolges wird auf einem Bestandskonto gebucht (Aktive bzw. Passive Rechnungsabgrenzung)
	  • der Betrag wird offen in der Bilanz ausgewiesen
	• nach **Eröffnung** der Konten im **neuen** Geschäftsjahr, werden die **Rechnungsabgrenzungen aufgelöst** und den entsprechenden Erfolgskonten zugeordnet

Aktive Rechnungsabgrenzung	• nimmt die für das nächste Geschäftsjahr bereits bezahlten **Aufwendungen** für die Dauer des Jahresabschlusses auf. • Aktivkonto

Passive Rechnungsabgrenzung	• nimmt die für das nächste Geschäftsjahr bereits erhaltenen **Erträge** für die Dauer des Jahresabschlusses auf. • Passivkonto
Beispiele für Aufwendungen	• im Voraus gezahlte Kfz-Steuer • Zinsen bei abgezinsten Sparbriefen
Beispiele für Erträge	• im Voraus erhaltene Avalprovisionen, Zinsen, Gebühren • Disagio bei ausgegebenen Darlehen

Beispiel für die transitorische Jahresabgrenzung

Geschäftsfall	• Am 01.11.20.. überweist ein Mieter (Kunde unserer Bank) die Miete für sein Ladenlokal (12.000,00 EUR) für ein Jahr im Voraus. • Vorüberlegung: 2.000 EUR betreffen das ablaufende Geschäftsjahr, 10.000 EUR das neue Geschäftsjahr.		
Buchungssätze Grundbuch	KK an s. b. Erträge	12.000,00	• **Zahlungseingang** der Miete am 1.11.
	s. b. Erträge an PRA	10.000,00	• periodengerechte **Abgrenzung** des Ertrages als vorbereitende Abschlussbuchung

	s. b. Erträge
	    an GuV
	PRA
	    an SBK
		2.000,00
		
		10.000,00
			• **Abschluss** des Kontos sonstige betriebliche Erträge (**Ertragsanteil des ablaufenden Geschäftsjahres**)
			• Jahresabschluss (**Bilanzierung**) der Rechnungsabgrenzung

	EBK
	    an PRA
	PRA
	    an s. b. Erträge
		10.000,00
		
		10.000,00
			• **Eröffnung** im neuen Geschäftsjahr am 1.1.
			• **Rückbuchung** der Jahresabgrenzung: **Erfassung des Ertragsanteils** für das **neue** Geschäftsjahr

Hauptbuch im alten Geschäftsjahr

S	sonst. betr. Erträge		H	S	PRA		H
PRA	10.000,00	KK	12.000,00	SBK	10.000,00	s.b. Erträge	10.000,00
GuV	2.000,00		---		10.000,00		10.000,00
	12.000,00		12.000,00				

Hauptbuch im neuen Geschäftsjahr

S	sonst. betr. Erträge		H	S	PRA		H
GuV	10.000,00	PRA	10.000,00	SBK	10.000,00	s.b. Erträge	10.000,00
	10.000,00		10.000,00		10.000,00		10.000,00

3. Antizipative Jahresabgrenzung

Wesen	• lat. **anticipere = vorwegnehmen** • Erträge und Aufwendungen, die **wirtschaftlich** das **abgelaufene Jahr betreffen**, aber erst im nächsten Jahr gezahlt werden, müssen in die GuV des ablaufenden Jahres aufgenommen werden, damit der Jahreserfolg richtig ausgewiesen wird.
Vorgehen	• die **zeitliche Abgrenzung** erfolgt vor dem **Abschluss** der Konten • Aufwendungen und Erträge, die wirtschaftlich ins ablaufende Geschäftsjahr gehören, werden **noch erfasst**, obwohl sie noch nicht gezahlt sind. • Die Buchung gilt nur für den Jahresabschluss. Am **Anfang des nächsten Geschäftsjahres** werden diese Buchungen wieder **rückgängig** gemacht
Zinsen	• **Zinsaufwendungen und -erträge**, die erst im nächsten Jahr gezahlt werden, aber wirtschaftlich für das ablaufende Geschäftsjahr berechnet werden, werden **über die verursachende Aktiv- bzw. Passivposition** erfasst. • **Beispiel 1:** Festgeldzinsen werden erst am Ende der Festlegungszeit vergütet. Der Buchungssatz am 31.12. für den Zinsanteil des ablaufenden Jahres: **Zinsaufwand an Festgeld** • **Beispiel 2:** Am Jahresende stehen noch Wertpapierzinsen aus, da für die AB-Kommunalobligation die Zinsen jedes Jahr am 1.10. nachträglich gezahlt werden. Der Buchungssatz am 31.12. für den Zinsanteil des ablaufenden Jahres: **Wertpapiere an WP-Zinserträge** • Damit sind die Zinsen in dem Jahr erfasst, in dem sie verursacht sind. • Forderungen im Aktivgeschäft und Verbindlichkeiten im Passivgeschäft werden einschließlich der aufgelaufenen Zinsen bilanziert.
übrige Aufwendungen	• **Erfassung** von (Nicht-Zins-)Aufwendungen, die erst **im neuen Geschäftsjahr bezahlt** werden und dennoch zumindest **teilweise zum laufenden Geschäftsjahr** gehören. • **Buchung der Aufwendungen des ablaufenden Geschäftsjahres** noch vor dem Jahresabschluss über das Gegenkonto **Sonstige Verbindlichkeiten** • Beispiel: Für eine Zweigstelle wird die Dezembermiete erst im Januar gezahlt. Der Buchungssatz am 31.12. für die Dezembermiete: **Allg. Verwaltungsaufwand an Sonstige Verbindlichkeiten**
übrige Erträge	• **Erfassung** von (Nicht-Zins-)Erträgen, die erst **im neuen Geschäftsjahr eingenommen** werden und dennoch zumindest **teilweise zum laufenden Geschäftsjahr** gehören. • **Buchung der Erträge des ablaufenden Geschäftsjahres** noch vor dem Jahresabschluss über das Gegenkonto **Sonstige Forderungen** • **Bilanzausweis:** „Sonstige Vermögensgegenstände" • Beispiel: Die Provision für die Vermögensverwaltung wird erst im Januar belastet. Der Buchungssatz am 31.12.: **Sonstige Forderungen an Provisionserträge**

Beispiel für die antizipative Jahresabgrenzung: Nicht-Zinsen

Geschäfts-fall	Ein Kunde zahlt Miete für von uns vermietet Räume von monatlich 2.000,00 EUR immer quartalsweise nachträglich zum 01.02., 01.05., 01.08. und zum 01.11. • Vorüberlegung: 4.000 EUR Mietertrag betrifft das ablaufende Geschäftsjahr.		
Buchungs-sätze Grundbuch	sonstige Forderungen an s. b. Erträge	4.000,00	• **Erfassung** des Ertrages des ablaufenden GJ am 31.12.: • periodengerechte **Abgrenzung** des Ertrages als vorbereitende Abschlussbuchung
	s. b. Erträge an GuV	4.000,00	• **Abschluss** der Konten im alten Geschäftsjahr
	SBK an sonstige F.	4.000,00	
	sonstige F. an EBK	4.000,00	• **Eröffnung** im neuen Geschäftsjahr am 1.1.
	s. b. Erträge an sonstige F.	4.000,00	• **Rückbuchung** der Jahresabgrenzung
	KKK an s. b. Erträge	6.000,00	• **Überweisung** der Rechnung

Hauptbuch im alten Geschäftsjahr

S	sonst. betr. Erträge	H	S	PRA	H
GuV	4.000,00	sonst. Ford. 4.000,00	s. b. Ertr.	4.000,00	SBK 4.000,00
	4.000,00	4.000,00		4.000,00	4.000,00

Hauptbuch im neuen Geschäftsjahr

S	sonst. betriebliche Erträge	H	S	sonstige Forderungen	H
Sonst. Ford.	4.000,00	KKK 6.000,00	EBK	4.000,00	s.b. Erträge 4.000,00
GuV	2.000,00	---			
	6.000,00	6.000,00			

S	KKK	H
EBK	...	EBK ...
s. b. Ertr.	6.000,00	...
...		

Von den 6.000,00 EUR Miete, die am 1.2. des neuen Jahres gezahlt werden, gehen durch die Jahresabgrenzung die November- und Dezembermiete in die GuV-Rechnung des alten Jahres, die Januarmiete in die des neuen Jahres ein!

A6 Jahresabgrenzung

Beispiel für die antizipative Jahresabgrenzung: Zinsen

Geschäftsfall	• Am 31.10. werden 100.000,00 EUR Festgeld für 3 Monate zu 6 % hereingenommen. Die Zinsen werden am Ende der Anlagedauer dem Girokonto gutgeschrieben. • Vorüberlegung: 1.000 EUR Zinsaufwand betrifft das ablaufende Geschäftsjahr.		
Buchungssätze Grundbuch	Zinsaufwand an Festgeld	1.000,00	• **Erfassung** der Zinsen des ablaufenden GJ am 31.12.: • periodengerechte **Abgrenzung** als vorbereitende Abschlussbuchung
	GuV an Zinsaufwand	1.000,00	• **Abschluss** der Konten
	Festgeld an SBK	101.000,00	
	EBK an Festgeld	101.000,00	• **Eröffnung** im neuen GJ am 1.1.
	Festgeld an Zinsaufwand	1.000,00	• **Rückbuchung** der Jahresabgrenzung
	Zinsaufwand an KKK	1.500,00	• **Kundengutschrift** der Zinsen auf dem Girokonto

Hauptbuch im alten Geschäftsjahr

S	Zinsaufwand	H		S	Festgeld	H	
Festgeld	1.000,00	GuV	1.000,00	SBK	101.000,00	KK	100.000,00
	1.000,00		1.000,00			---Zinsaufw.	1.000,00
					101.000,00		101.000,00

Hauptbuch im neuen Geschäftsjahr

S	Zinsaufwand	H		S	Festgeld	H
KKK	1.500,00	Festgeld	1.000,00	Zinsaufwand 1.000,00	EBK	101.000,00
	---	GuV	500,00			
	1.500,00		1.500,00			

S	KKK	H
	Zinsaufw.	1.500,00

Von den 1.500,00 EUR Zinsen, die am 31.1. des neuen Jahres gezahlt werden, gehen durch die Jahresabgrenzung die November- und Dezemberzinsen in die GuV-Rechnung des alten Jahres, die Januarzinsen in die des neuen Jahres ein!

4. Rückstellungen

Zweck	• Bildung zur **periodengerechten Ermittlung des Jahreserfolges** • Im laufenden Geschäftsjahr sind (eventuelle) **Aufwendungen** begründet worden, die betragsmäßig **nicht sicher** sind. Diese müssen getrennt von den sonstigen Verbindlichkeiten bilanziert werden. • Ungewisse ausstehende Erträge werden bei der Jahresabgrenzung nicht berücksichtigt!
Beispiele	• Eine Handwerkerrechnung ist noch nicht eingetroffen. • Ein Gerichtsverfahren ist noch nicht entschieden. • Für Mitarbeiter werden Rückstellungen für eine betriebliche Rente gebildet (Pensionsrückstellungen).
Definition von Rückstellungen	• **Charakteristika** von Rückstellungen sind: • ungewisse Verbindlichkeit bzw. drohende Verluste • Ungewissheit über die Höhe der Verbindlichkeit • Ungewissheit über die Fälligkeit der Verbindlichkeit • das Konto „Rückstellungen" ist ein **passives Bestandskonto** und wird dem **Fremdkapital** zugeordnet.
Buchung	entsprechendes Aufwandskonto an Rückstellungen
Wirkungen der Bildung von Rückstellungen	• Zurechnung des **Aufwandes** zum Jahr der Entstehung (= abgelaufenes Geschäftsjahr) • Rückstellungen **mindern den Gewinn** (und somit die Steuerlast)

Auflösung von Rückstellungen	• Rückstellungen werden **nicht** wie die anderen Formen der Jahresabgrenzung am **Anfang des folgenden Jahres rückgängig** gemacht.
	• Rückstellungen **müssen aufgelöst** werden, sobald der **Zweck für ihre Bildung entfällt**.
	• die Höhe der Rückstellungen erfolgt aufgrund von **Schätzungen**, daraus folgt, dass die endgültige Zahlungsverpflichtung in der Zukunft gleich, höher oder niedriger sein kann:
	• **Fall 1:** Die Höhe der Rückstellung **entspricht** der Zahlungsverpflichtung.
	  • Auflösung der Rückstellung bei Zahlung
	    Rückstellungen an DBB oder ...
	• **Fall 2:** Die Rückstellung war **zu niedrig**.
	  • Auflösung der Rückstellung und
	  • zusätzlicher Aufwand (sachlich zuständiges Aufwandskonto)
	    Rückstellungen
	    Aufwandskonto an DBB oder ...
	• **Fall 3:** Die Höhe der Rückstellung war **zu hoch**.
	  • Auflösung der Rückstellung und
	  • zusätzlicher Ertrag aus der Auflösung der Rückstellung (sonstige betriebliche Erträge bzw. Erträge aus der Auflösung von Rückstellungen im Kreditgeschäft)
	    Rückstellungen an DBB oder ...
	    an sonstige betriebliche Erträge

Controlling Grundlagen

1. Inhalt

Definition	• engl. to control = planen, steuern, kontrollieren • **sinngemäß:** ein Konzept zur Durchsetzung von ertragsorientierten Unternehmensstrategien
Unternehmens-strategien	• kurzfristige Ziele werden **operative Ziele** genannt • langfristige Ziele werden **strategische Ziele** genannt (zur Erreichung strategischer Ziele sind geeignete operative Entscheidungen notwendig)

Erreichung von Unternehmens-zielen	• **Formulierung** verständlicher Ziele (z. B. Erhöhung der Einlagen um 10 %)
	• an diese Zielvorgabe ist ein **bestimmtes Budget** geknüpft
	• **Budgets** setzen sich wie folgt zusammen (vgl. Produktionsfaktoren -> AWL)
	  • **Kapital** (= Deckung der Kosten z. B. für Marketingmaßnahmen)
	  • **Arbeit** (= der Arbeitgeber legt eine Zahl an Arbeitsstunden fest, die max. für das Erreichen des Zieles eingesetzt werden dürfen)

2. Unternehmensziele und Controlling

langfristige Ziele	kurzfristige Ziele
Beispiele • steigende Eigenkapitalrentabilität • innovatives Marktleistungsprogramm • effiziente Struktur der Geschäftsbereiche • Sicherheit der Einlagen	Beispiele • Zielvorgaben für den Verkauf von Bankdienstleistungen • marktgerechte Kalkulation von Marktzinsätzen • Information über den Ertrag einzelner Produkte/ einzelner Kunden/ einzelner Geschäftsstellen
Strategisches Controlling	**Operatives Controlling**

Unternehmensstrategie

Regelkreis

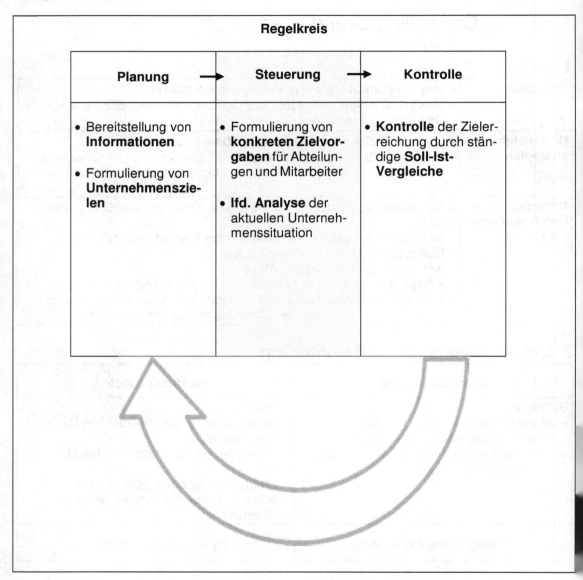

B2 Controlling Grundbegriffe

1. Kosten, Erlöse, Leistungen

Kosten- und Erlösrechnung	Konzentration auf die Ergebnisse aus der **rein betrieblichen Tätigkeit**
Kosten	Unter Kosten wird der **Güter- und Dienstleistungsverbrauch** verstanden, der durch die Erstellung der **betrieblichen Leistungen** verursacht wird.
Erlöse	Durch den **Verkauf der Leistungen** am Markt entstehen Erlöse.
Leistungen	**Marktleistungen** einer Bank an seine Kunden: Kreditvergabe, Anlageberatung etc.
Betriebsergebnis	Differenz aus Kosten und Erlösen

2. Aufwendungen und Kosten

Aufwendungen gemäß FiBu

den Zusatzkosten stehen in der Fibu keine Aufwendungen gegenüber

neutrale Aufwendungen (betriebsfremd, periodenfremd oder außerordentlich)

Zweckaufwand = Grundkosten (Aufwendungen/ Kosten für den Betrieb)

Zusatzkosten (kalkulatorische Kosten, die keine Aufwendungen sind oder die Aufwendungen übersteigen)

die neutralen Aufwendungen werden vom Controlling nicht berücksichtigt

Kosten gemäß Controlling

neutraler Aufwand	• **betriebsfremde Aufwendungen**, z. B. Spenden, Aufwendungen für nicht betriebsnotwendiges Vermögen • **außerordentliche** (einmalige und unregelmäßige) **Aufwendungen**, z. B. Kassenfehlbeträge, Verkäufe unter Buchwert • **periodenfremde Aufwendungen**, z. B. Steuernachzahlungen
Grundkosten / Zweckaufwand (betrieblicher Aufwand)	• **Zinsaufwand** • **Provisionsaufwand** • **Abschreibung** auf Forderungen aufgrund **langjähriger Erfahrungen** (PWB) • **Abschreibungen** auf **Wertpapiere** • **Personalaufwand** einschließl. Sozialleistungen • Allgemeiner **Verwaltungsaufwand** • **Abschreibungen** für den **tatsächlichen Wertverlust** • **Kostensteuern**: Grundsteuer für betriebsnotwendige Immobilien, Gewerbesteuer, Kfz-Steuer
Zusatzkosten	• kalkulatorischer **Unternehmerlohn** (e. K., OHG, KG, KGaA) • kalkulatorische **Eigenkapitalzinsen** • kalkulatorische **Eigenmiete**

© Springer Fachmedien Wiesbaden GmbH, ein Teil von Springer Nature 2022
W. Grundmann, R. Rathner, *Rechnungswesen*, Prüfungstraining für Bankkaufleute,
https://doi.org/10.1007/978-3-658-39344-1_8

3. Erträge und Erlöse

Erträge gemäß FiBu		den Zusatzerlösen stehen in der FiBu keine Erträge gegenüber
neutrale Erträge (betriebsfremd, periodenfremd oder außerordentlich)	**Zweckertrag = Grunderlöse** (Erträge / Erlöse für den Betrieb)	**Zusatzerlöse**
die neutralen Erträge werden vom Controlling nicht berücksichtigt	**Erlöse gemäß Controlling**	

neutraler Erträge	• **betriebsfremde Erträge**, z. B. Mieterträge • **außerordentliche Erträge**, z. B. Kassenüberschüsse, Verkauf von Sachanlagen über Buchwert • **periodenfremde Erträge**, z. B. Auflösung von Wertberichtigungen, Auflösung von Rückstellungen
Grunderlöse / Zweckertrag (betrieblicher Ertrag)	• **Zinserträge** • lfd. Erträge aus **Aktien, Beteiligungen und Anteilen** • **Provisionserträge** für Bankdienstleistungen • **Kursgewinne** aus Wertpapieren und Devisen
Zusatzerlöse	Beispiele sind selten: • bei **Sonderkonditionen** für Mitarbeiter: Die Differenz zum allgemeinen Kundenzinssatz ist hier ein Zusatzerlös für die Kundenabteilung und gleichzeitig Zusatzkosten in **derselben Höhe** bei den **Personalkosten**! Dadurch gehen die Mindererlöse nicht zu Lasten der Leistungsabteilung, die diese Sonderkonditionen nicht gewährt hat, sondern zu Lasten des Personals.

4. Betriebs- und Wertkosten sowie Betriebserlöse

Wesen	• Betriebskosten und -erlöse fallen im technisch-organisatorischen Bereich an. • Wertkosten und -erlösen fallen im finanzwirtschaftlichen Bereich an (Kapitalaufnahme und -überlassung)
Betriebskosten	• **Personalkosten** • **Maschinen** (u. a. Mieten, Abschreibung, Reparatur, Versicherungen) • **Telekommunikation** • **Material** (Papier, Vordruck, Verbrauchsmaterial ...)
Betriebserlöse	• **Entgelte / Provisionen** (z. B. Umsatzprovision, Effekten-, Devisen-, Kreditkartenprovisionen, Kontoführungsgebühren ...)
Wertkosten	• **Zinskosten** im Passivgeschäft • **Risikokosten** im Kreditgeschäft (Abschreibungen auf Forderungen aufgrund langjähriger Erfahrung) • **Risikokosten** im Auslands- und Effektengeschäft (Kursverluste)
Werterlöse	• **Zinserlöse** im Aktivgeschäft • **Erträge** aus Aktien (Dividenden, Bezugsrechte) • **Kursgewinne** aus Wertpapier- und Devisengeschäften

5. Einzel- und Gemeinkosten

(Stellen-) Einzelkosten	• **direkte Zuordnung** der Kosten zu einer bestimmten **Leistung** bzw. zu einer bestimmten **Kostenstelle** Beispiele: Gehalt des Kreditsachbearbeiters, Sparzinsen
(Stellen-) Gemeinkosten	• <u>keine</u> **direkte Zuordnung** möglich • die Verteilung erfolgt in der Vollkostenrechnung nach einem **Schlüssel auf die einzelnen Kostenstellen** Beispiele: Ausbildungsvergütungen, Buchhaltung, Facility Manager • In der heutzutage gebräuchlichen Teilkostenrechnung werden die Gemeinkosten zunächst nicht berücksichtigt, sondern nur die direkt zurechenbaren Kosten. Daher muss der Deckungsbeitrag positiv sein, damit auch diese Kosten gedeckt werden können.

6. Fixe und variable Kosten

fixe Kosten	• vom **Beschäftigungsgrad unabhängige Kosten** Beispiele: Mieten, Gehälter,...
variable Kosten	• vom **Beschäftigungsgrad abhängige Kosten** Beispiele: Verbrauch von Kontoeröffnungsanträgen und Kreditantragsformularen, Zinsen ...

B3 Controlling Rechenverfahren

1. Gesamtzinsspannenrechnung

Zinserlöse in EUR	Zinserlöse in % p. a. der Aktivseite (Bilanzsumme)
- Zinskosten in EUR	- Zinskosten in % p. a. der Passivseite (Bilanzsumme)
= **Zinsüberschuss** in EUR	= **Bruttozinsspanne** (Zinsüberschüsse in % p. a. der Bilanzsumme)
+ Betriebserlöse in EUR	} Bedarfsspanne (Differenz aus Betriebserlösen und -
- Betriebskosten in EUR	kosten in % p. a Bilanzsumme))
= **Betriebsergebnis** in EUR	= **Nettozinsspanne** (Betriebsergebnis in % p. a von der Bilanzsumme)

2. Marktzinsmethode

Wesen	• Banken können Finanzgeschäfte mit dem **Kunden** und/oder am **Geld- und Kapitalmarkt (GKM)** tätigen. Die Marktzinsmethode **vergleicht** beide Möglichkeiten und errechnet, ob das **Kundengeschäft** vorteilhafter ist als die alternative Möglichkeit auf dem Geld- und Kapitalmarkt.
Zweck	• Das Kundengeschäft lohnt sich für die Bank, wenn sie im **Kundengeschäft** mehr erwirtschaftet als bei den **Alternativgeschäften am Geld- und Kapitalmarkt (GKM)**.
Opportunitätszins	• Der Opportunitätszinssatz ist der **vergleichbare GKM-Satz** zu einem Kundengeschäft bei **gleicher Laufzeit**
Konditionsbeitrag	• Der Konditionsbeitrag gibt an, um wie viel das Kundengeschäft von den **Zinsen** her betrachtet günstiger ist als das GKM-Geschäft. (Bei negativem Ergebnis ist das Kundengeschäft ungünstiger!) • **Konditionsbeitrag Aktiva** = Aktivgeschäft - Opportunitätszins • **Konditionsbeitrag Passiva** = Opportunitätszins - Passivgeschäft • der Konditionsbeitrag stellt den **Geschäftserfolg des Kundenbetreuers** dar.
Strukturbeitrag	• Entstehung durch **Fristentransformation** (= Durchbrechung der „goldenen Bankregel") kurzfristiges Geld kann langfristig ausgeliehen werden. • **Aktivkomponente** = GKM-Satz Aktiva - Geldmarktzinssatz für Tagesgeld • **Passivkomponente** = Geldmarktzinssatz für Tagesgeld - GKM-Satz Passiva • der **Strukturbeitrag** wird dem **Vorstand** zugerechnet

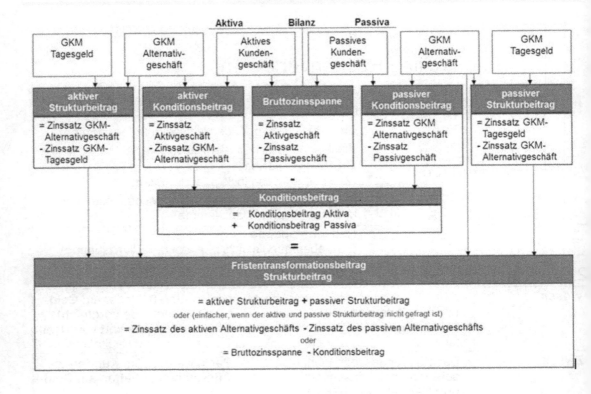

3. Produktkalkulation

Gegenstand	Zinsprodukte (Kredite + Einlagen)
Produkt-kalkulation im Aktivgeschäft	Alternativzinssatz für Anlagen am GKM in % p.a. + direkt zurechenbare Betriebskosten in % p.a. + Risikokosten in % p.a. + Eigenkapitalkosten in % p.a. = **Preisuntergrenze des Aktivproduktes in % p.a.**
Ermittlung des Deckungs-beitrages im Aktivgeschäft	Zinserlöse - Alternativzinsen für Anlage am GKM = **Deckungsbeitrag I (Zinsüberschuss/ Zins-Konditionsbeitrag)** + direkt zurechenbare Provisionserlöse - direkt zurechenbare Betriebskosten = **Deckungsbeitrag II (Netto-Konditionsbeitrag)** - Risikokosten - Eigenkapitalkosten* = **Deckungsbeitrag III (Beitrag zum Betriebsergebnis)**

Produktkalkulation im Passivgeschäft	Alternativzinssatz für Anlagen am GKM in %
	- direkt zurechenbare Betriebskosten in %
	= **Preisobergrenze des Passivproduktes in %**
Ermittlung des Deckungsbeitrages im Passivgeschäft	Alternativzinsen für Anlage am GKM
	- Zinskosten
	= **Deckungsbeitrag I** (Zinsüberschuss/ Zins-Konditionsbeitrag)
	+ direkt zurechenbare Provisionserlöse
	- direkt zurechenbare Betriebskosten
	= **Deckungsbeitrag II** (Netto-Konditionsbeitrag)
	= **Deckungsbeitrag III** (Beitrag zum Betriebsergebnis)

4. Kundenkalkulation

Ermittlung des Deckungsbeitrages der Kundenverbindung	Hier wird die **Rentabilität aller Aktiv- und Passivgeschäfte mit einem Kunden** betrachtet, die mit einem Kunden innerhalb einer Rechnungsperiode abgeschlossen wurden:
	Konditionsbeiträge aller Aktivgeschäfte
	+ Konditionsbeiträge aller Passivgeschäfte
	= **Deckungsbeitrag I** (Zinsüberschuss/ Zins-Konditionsbeitrag)
	+ direkt zurechenbare Provisionserlöse
	- direkt zurechenbare Betriebskosten
	= **Deckungsbeitrag II** (Netto-Konditionsbeitrag)
	- Risikokosten
	- Eigenkapitalkosten
	= **Deckungsbeitrag III** (Deckungsbeitrag des Kunden)